A MON FILS.

Ne suivant pas la même profession que moi, il te sera peut-être agréable de savoir un jour ce que j'ai voulu faire pour le progrès de la science pharmaceutique. En t'en donnant un résumé, je répondrai au désir de mon vénéré et illustre maître M. Bussy, qui, plusieurs fois, à la Société de pharmacie, m'a demandé où et comment je me procure les spécimens d'histoire naturelle que je donne au musée de notre école ; ce catalogue, comme me l'a dit aussi M. le professeur Planchon, lui sera peut-être utile lorsqu'il organisera le droguier de la nouvelle école.

En 1835, le docteur Sigaud, étant venu en France pour publier son livre sur les climats et les maladies du Brésil, pria son collègue Caffe de lui indiquer une personne qui se chargerait d'analyser certaines plantes jusqu'alors inconnues en Europe et très employées dans la thérapeutique à Rio de Janeiro; j'étais alors un des collaborateurs de *l'Abeille médicale ;* il m'en fit l'offre, je l'acceptai.

A cette époque le *Bulletin général de thérapeutique* était fondé, Micquel en était le propriétaire ; je fus mis en rapport avec lui ; ce savant rédacteur, comme tous ceux qui lui ont succédé, y compris le sympathique Dujardin-Beaumetz, dont les utiles travaux lui ont valu d'être élu membre résidant de l'Académie de médecine de Paris, se sont efforcés de mettre leurs lecteurs au courant des découvertes qu'on fait chaque jour dans les sciences naturelles appliquées à l'art de guérir; mes communications dans ce journal furent reproduites dans les journaux de médecine étrangers et m'ont fait connaître d'un grand nombre de naturalistes

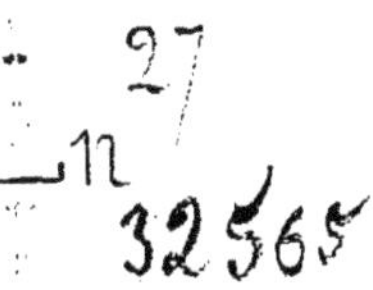

qui parcourent le globe ; il en est résulté des rapports d'amitié.

Si ce que j'ai publié dans le *Bulletin général de thérapeutique* et dans d'autres recueils scientifiques, si mes dons à l'école de pharmacie ne m'ont valu ni honneur ni argent, j'ai la satisfaction d'avoir été compris au nombre des membres correspondants de dix académies de médecine étrangères ; ce sera, avec les médailles d'honneur que j'ai obtenues, l'héritage que je te laisserai.

STANISLAS MARTIN.

Paris, 30 décembre 1880.

HISTOIRE NATURELLE MÉDICALE

DONS FAITS AU MUSÉE DE L'ÉCOLE

Extrait des procès-verbaux de la Société de pharmacie de Paris.

1852.

Lait d'assacu.	Brésil.
Résine de santal citrin.	Brésil.
Angelim, semence vermifuge.	Brésil.

1854.

Opium.	Constantinople.
Riz des Landes en grappe.	Gironde.
Cédron, semences.	
Quinquina nova.	Nouvelle-Grenade

1855.

Quinquina de l'isthme de Panama.	
Mohica, buranhem, écorce.	Brésil.
Macrocarpa.	

1856.

Pyrite blanche de l'île d'Elbe.	
Mimosa scandens, graines.	
Bambou (Eventail en).	Chine.
Pomme de terre, chardon.	
Pakœ kidang, fougère.	Japon.
Chien roux.	Sumatra.

1857.

Salsepareille nouvelle.	Brésil.
Quinquina sans quinine.	Pérou.
Riz jaune.	Chine.
Limette, fruit.	
Fleurs pour aromatiser le thé.	Chine
Poison de la Guyane anglaise.	

1859.

Glifez, écorce.	Monténégro.
Fer carbonaté naturel.	Russie.
Bulbe purgative.	La Plata.
Quillaya saponaria, fruits.	
Coca, feuilles.	Pérou.
Ilex maté, feuilles.	Paraguay.
Cyperus esculentus.	Hébreux.
Coquille d'huître pétrifiée.	Indre.
Silex en flèche.	Louisiane.

1861.

Assacu, écorce.	Brésil.
Fuminella, feuilles et fleurs.	
Feuille de mica, peinture.	Chine.
Asclepias procera.	Egypte.
Manne de *leanorà affinis.*	Egypte.
Sucre de l'érable.	Canada.
Vomitif, écorce.	Guinée méridionale.
Aleorites ambinus, fruit.	
Ferrocyanure de potassium, minerai.	
Têtes de vipère.	
Bois de rose.	Californie.
Bois fossile.	Egypte.
Andropogon schœnanthus.	
Musenna tænifuge.	Afrique.

1862.

Blé.	Egypte, tombeau.
Textile.	Japon.

1863.

Tabaschir, concrétion siliceuse.	
Mylabris punctata.	Chine.
Mylabris pustulata.	Japon.
Résinoïde de l'iris.	Florence.
Papier de	Chine.
Lebbeck, écorce.	Pondichéry.
Draolineatus, reptile.	Chili.

1864.

Valériane phénoménale.	
Carapa touloucouna, huile.	
Chardons divers.	Buenos-Ayres.
Terre comestible.	Indre.

1865.

Eucalyptus globulus, feuilles.	
Essence d'eucalyptus.	
Coffea fœtida, café fétide.	Brésil.
Thuya, écorce.	
Ilan, huile volatile.	Pérou.

1866.

Jurebeba, écorce, racine.	Fernambuco.
Butea frondosa, résine.	
Caoutchouc en larmes.	
Surrumba cymbifera.	Brésil.
Bicuiba, huile.	Inde.
Kauala, pollen.	Inde.
Urica nivea, textile.	Inde.
Buxus ambroisimus.	Brésil.

1867.

Mine de cuivre.	Minas.
Smilax aspera.	Paraguay.
Salsepareille aromatique.	Nouvelle-Calédonie.
Gomme d'un mimosa.	
Silex inconnu.	Uruguay.
Fruit inconnu.	Inde.

Coupi, fruit.	
Agate rubanée.	La Plata.
Boerhaavia hirsuta.	Brésil.
Baobab, feuilles.	Calédonie.
Silex à formes bizarres.	Brésil.
Andropogon, feuilles.	Inde.

1868.

Pignon d'Inde.	Bourbon.
Bois camphré.	Chine.
Henné.	Orient.
Etain oxydé.	Espagne.
Agaricus cartilagineus.	Brésil.
Scories de fer.	
Cèdre, graines.	Algérie.
Plantes marines, herbier.	Jersey.

1869.

Eucalyptus globulus, feuilles.	Espagne.
Ambre jaune.	Chine.
Fonte cristallisée.	
Strychnos, écorces.	Grandes Indes.
Bouleau, écorce.	Russie.
Cinnamomum, écorce.	Japon.
Ecorce inconnue.	Cuba.
Baume de Qurun.	Inde.
Crahoun, écorce.	Chine.
Tururi, plante.	Nouvelle-Calédonie.
Cocons de vers à soie.	Nouvelle-Calédonie.
Graines inconnues.	Chine.
Café en cerises.	Bourbon.
Chanvre.	Russie.
Lin en tige.	Egypte.
Caféier, terre.	Brésil.
Biche de mer, holoturie.	Paraguay.
Maté. *Ilex paraguayensis.*	Paraguay.
Pois et haricots.	Egypte.
Courge.	Haute Egypte.
Pin, filaments.	Russie.
Laine végétale.	Russie.

Macaïbo, essence.	Cayenne.
Bois de rose.	Mexique.
Aya-pana, variété.	
Arbor sapinda, graines.	Antilles.
Carthame.	Afrique.
Gazelle, fiente musquée.	Afrique.
Platane, feuilles, champignon.	Mont-d'Or.
Faux ébénier.	

1870.

Riz microscopique.	Chine.
Thés divers.	Chine.
Aralia papyracea, moelle.	Chine.
Butea frondosa, graines.	
Cinabre, mines d'Idria.	
Alyxia aromatica, écorce.	Cochinchine.
Nepenthes distillatoria, feuilles.	Philippines.
Laurus cinnamomum, tiges.	Sénégal.
Iris, racine.	Italie.
Curcuma, rhizomes.	Afrique.
Palmier, écorce.	Inde.
Caroubier, écorce.	
Lin blanc.	Rio de Janeiro.
Thé de l'Udsi.	Chine.
Ecorce non dénommée.	Chine.
Algues des mers.	Pérou.
Podophyllum peltatum.	Philadelphie.
Cèdre, fruit, Blidah.	Afrique.
Tabac opiacé.	Chine.
Fer chromé cristallisé.	

1871.

Herba tostao, racine.	Australie.
Fruit et tige du palmier.	Chine.
Tissu fibreux.	Fleuve Jaune.
Lièger bakio, feuilles.	Ile de la Réunion.
Avicule perlière.	Manille.
Production marine.	Détroit de Gibraltar.

1872.

Pinite.	
Fer chromé.	
Minerai de fer.	
Sulfure de fer.	Lac Salé.
Lignite.	Pérou.
Minerais.	Java.
Zinc, sulfate.	Colombie.
Losteau, bois, écorce.	Colombie.
Hibiscus esculentus.	Colonies espagnoles.
Substance qui imite l'écume de mer.	Chine.
Chanvre, Céra, graines, riz musqué.	Chine.
Cecropia peltata, feuilles.	Chine.
Tussah, feuilles.	Chine.
Talc avec peinture.	Chine.
Polypodium vulgare.	
Café d'Arabie.	
Feuilles et fruits de l'arbre de la Vierge.	Palestine.

1873.

Aristoloche, racine.	Colombie.
Minerai.	Suède.
Essence d'hilan hilan.	Chine.
Ilang unona, parfum.	Japon.
Coumarine.	
Papiers divers.	Chine.
Cétoine vésicante.	Himalaya.
Acide benzoïque, extrait d'une plante du	Japon.
Kutera, gomme.	Inde.
Opium en bâton.	Perse.
Galles de	Chine.
Galles de	Tartarie.
Podophyllum, racine.	Etats-Unis.
Galles de	France.
Monthe poivrée.	Japon.

1874.

Opale du	Brésil.
Amomum, fruit.	

Or natif.	Californie.
Ecorce non dénommée.	Maroc.
Textile, famille des Ulmacées.	
Pistache, variété.	Asie.
Canne à sucre, filaments.	Egypte.
Requin, dents pétrifiées.	Afrique.
Cuivre, minerai.	Haute-Loire.
Jacaranda, feuilles.	
Caroba, vulgairement Brésiliana.	

1875.

Pistache de terre.	Amérique.
Petiveria tetrandra, racine.	Inde.
Pao-pereira.	Brésil.
Bancoule, noix, écorce, maïs géant.	France.
Cuivre, fer, soufre, argent.	Hérault.
Carbonate de soude, de chaux.	Espagne.
Cristal de roche enfumé.	Caucase.
Thapsia garganica.	Afrique.
Herbe tombée.	Ile de la Réunion.
Cuivre, carbonate, sulfate.	Suède.
Plomb, galène, zinc.	Brésil.
Aigue marine.	Kamtschatka.

1876.

Minerai de cuivre.	Sibérie.
Cuir factice.	Russie.
Petiveria rotundifolia, racine.	
Badianier, fruit.	
Myristica moschata, écorce.	Asie.
Minerai aurifère.	Pérou.
Xanthium spinosum.	Rio-Grande.
Sassafras, fèves.	Egypte.
Crocodile, œufs.	Egypte.

1877.

Goli-goli, racine.	Sénégal.
Pao-pereira, fleurs.	Brésil.
Bomboquiri, feuilles.	Sénégal.
Doundaki, feuilles, écorce.	Sénégal.
Timbò.	Brésil.

Galles.	Brésil.
Sebo de Palo.	Brésil.
Conferves des eaux de Neubourg.	

1878.

Cotonnier, graines.	Louisiane.
Cardamome, fruit.	Sénégal.
Résine d'un bois.	Sénégal.
Melia, feuilles.	Sénégal.
Sterculia tomentosa.	Afrique.
Kola.	Afrique occidentale.
Battiator.	Brésil.
Erythrophlœum teti.	Sénégal.
Fondingé, plante.	Sénégal.
Càprier.	Sénégal.
Ervemocarpus setigerus.	Californie.
Satia tabernæmontana.	Sénégal.
Clorlazani, fruit.	Brésil.
Chêne-liège.	Russie.
Kariska, semences.	Abyssinie.
Sapindus urticans, fruit.	Sénégal.

1879.

Palo-mobi, fruit.	Antilles.
Argent, minerai.	
Crossoptergœ Kochschim.	Nubie.
Œuf phénomène.	France.
Fer cubique, pyrite.	Chine.
Ampélidée, fruit d'une écorce diverse.	Chine.
Cacao.	
Malvacée, fruit pouvant fournir du coton.	
Curare, racine.	Vénézuéla.
Palmier, tige.	Vénézuéla.
Jonc.	Guayaquil.
Flèche empoisonnée.	Amazone.
Geissospermum Villosii, écorce.	Brésil.
Pao-pereira, écorce.	Brésil.
Elan, un pied.	Afrique.
Palmier, écorce.	Rio-Negro.
Sel de chaux, minerai argentifère.	

Kara-kara. Brésil.
Fève à odeur tonka. Rio de Janeiro.
Podophyllum peltatum, racine.
Coto, écorce.
Semzin, graine. Afrique.
Colpachi. Afrique centrale.
Jonc triangulaire. Nicaragua.
Os humain pétrifié. Inde.

1880.

Melaleuca flaviflora. Nouvelle-Calédonie.
Alaghi Maurorum, feuilles.
Moelle d'un aralier. Chine.
Maïs, trois variétés. Amérique.
Echantillons de mineraux. Amérique centrale.
Le pite textile. Guatémala.
Badianier, tiges. Asie.
Bixa orellana, fruit pour faire le rocou. Para.
Textile, Cabuto. Nicaragua.
Quebracho, succédané du quinquina. Amérique.
Plantes marines, herbier fait en Angleterre, 100 sujets.
Hemlock, écorce. Nicaragua.
Riz microscopique, riz jaune. Bolivie.
Ophidiens. Nouveau monde.
Fruits inconnus. Inde.
Cuivre, minerai. Inde.
Araca, noix.
Blattes. Russie.
Clavaire, champignon. France.
Bertholletia excelsa, noix. Brésil.
Sagou en plaque. Iles Moluques.
12 à 15 kilogrammes de spécimens de minéraux pour le musée.
25 kilogrammes de minerai argentifère destiné aux élèves, pour essais en laboratoire.
Musc retiré des viscères du crocodile de l'Afrique centrale.
Musc de crocodile. Mer de Chine.
Écorce de Guaranhem. Afrique centrale.
Fer magnétique oligiste. Corse.
Pinite. Inde.
Ecorces inconnues.

ARTICLES

PUBLIÉS DANS LE

BULLETIN GÉNÉRAL DE THÉRAPEUTIQUE

1838.

Empoisonnement par les cornichons.
Falsification de la cannelle en poudre.
Aloès perlata ou *margarifera*. Observation.
Dépôt particulier dans le baume de copahu.
Conservation des cantharides.

1839.

Falsification du miel par la dextrine.
Différencé des aloès qui poussent dans nos serres avec ceux qui sont exotiques.

1840.

Vernis employé par les confiseurs, formule.
Conservation du seigle ergoté, formule.
Fleurs de cousso, ou kwoso, analyse chimique, Abyssinie.

1841.

Falsification du sucre.
Note sur l'absinthe maritime.
De l'acide benzoïque dans les coquilles des noyaux de pêche et d'abricot.

1842.

Un mot sur le fusain.
Extrait obtenu du résidu de l'opium épuisé par l'eau.
De la graine d'if comme succédané de la digitale pourprée.

1843.

Coussine ou kwosine.

1844.

Un mot sur la dextrine.
Sirop béchique ou des quatre fleurs.
De l'indigo dans le papier à filtrer.

1845.

Un mot sur l'humidité des maisons sur le bord de la mer.
Charbon albuminé pour la clarification des sirops.
Falsification du sirop de groseilles.
Cristaux obtenus du résidu de l'opium.
Du gorgement des sangsues.

1846.

Note sur le patchouli.
De l'eau de laurier-cerise et d'amandes amères.
Le guarana, son historique, son analyse.
Du pao-pereira, de la pereirine, fébrifuge.
De la conservation de quelques médicaments.
De l'angelim, son historique.
Signes pour les ordonnances médicales.
Le sulfate de quinine subit une décomposition en contact avec une infusion de café.

1847.

Un mot sur quelques falsifications.
Observation sur le quinquina soumis à la fermentation.
Note sur le cousso.
Observation pratique sur l'onguent populéum.
Embaumement des fleurs, nouveau mode.
Un mot sur quelques substances amères mises en contact avec le tannin.
Observations chimiques sur les poires, la ciguë.
L'essence de patchouli.

1848.

Sirop de seigle ergoté, formule.
Emploi de la glace pour rafraîchir l'air atmosphérique dans les hôpitaux.
Observation sur les sucs d'herbes.
Le petit-lait, de ses caractères physiques et chimiques.
Principe résineux retiré du séné.

1849.

Observation pratique sur les huiles essentielles.
Arome du quinquina. Propriété nouvelle.
Du vaccin sur les animaux.
Falsification du laudanum de Sydenham.
Pastilles de bismuth, formule, observation.
Conservation de la farine de moutarde.
Falsification des cantharides en poudre.
Observation sur un empoisonnement.

1850.

Sirop de bourgeons de sapin, formule.
Recherches historiques, chimiques et médicales de la salicaire.
Sirop pectoral pour les pauvres gens.
Essais chimiques sur l'huile de croton tiglium.
Observation sur l'huile de violettes du Codex.
Observation pratique sur l'huile d'œufs.
Rôle des asperges sur l'urine, essais.
Sirop de bourgeons de sapin.

1851.

Nouveau moyen de diviser le mercure.
De l'odeur propre des corps.
Teinture alcoolique pour la destruction des punaises.
Saponine dans les jeunes pousses de pommes de terre.
Emploi du sulfate de baryte pour falsifier.
Observation pratique sur le suc de cresson.
Présence du cuivre dans l'extrait de suie.
Autre moyen de conserver les sucs végétaux.
Moyen d'ouvrir les flacons bouchés à l'émeri.

1852.

Polypode de chêne, succédané du seigle ergoté.
Altération des dents par le camphre.
Action de l'acide sulfurique sur le camphre.
Essais sur la mercuriale.
Action du phosphore sur le deuto-chlorure de mercure.
Observation pratique sur les suppositoires au beurre de cacao.
Analyse chimique des fèves de cédron, leur historique.
Falsification du sirop d'orgeat.
Conservation des fruits.

1853.

Présence de l'iode dans les pommes de terre récoltées près de la mer.

Phosphure de mercure, chlorophosphure, son emploi.

Iode et phosphore, leur combinaison.

Présence de l'azotate de potasse dans une jusquiame.

Sirop albumineux.

Altération des plantes par le gaz hydrogène dans les magasins.

Note sur la pommade rosat.

Odeurs étrangères aux médicaments.

Magnésie parfumée.

Conservation des fruits.

Acide sulfurique et le résidu de l'opium épuisé par l'eau.

Champignon du sulfate de chaux.

Réforme pharmaceutique.

Observation sur le moût de raisin.

Cheveux verts, analyse chimique.

Papier parfumé, succédané des clous fumants.

Ether sulfuré et phosphoré.

Essais sur l'étamage des glaces.

Falsification des dragées de copahu.

Examen chimique de l'écorce du palo-santo.

Sirop de fraises, formule.

Un mot sur la falsification du vin.

1854.

Caractères physiques du fer réduit par l'hydrogène.

Falsification du sulfate et de l'oxyde de zinc.

Solidification de l'huile de foie de morue.

Caractères physiques et chimiques du fer réduit par l'hydrogène.

Rapports physiques et chimiques de l'ergot de l'égilops avec celui du seigle.

Altération du houblon.

Observation sur le seigle ergoté.

Du blanc d'œuf contre les brûlures.

Gomme adragante, succédané de la semence de coing.

1855.

Minéralisation des végétaux alimentaires.

Falsification du chocolat.

Jusqu'où peut aller l'impudence d'un fraudeur.
Looch blanc additionné de calametas. Observations.
Falsification de la pommade camphrée.
Conserve de blancs d'œufs.
Conservation des sondes et des bougies.
Deuto-chloro-bromure de mercure.
Sulfate de baryte comme agent de sophistication.

1856.

Action toxique du fruit du faux pistachier.
Falsification de la liqueur d'absinthe.
Un mot sur le glucose, observation chimique.
Chlorures dans le vinaigre, médecine légale.
Amidon, sa falsification.
Pakæ-kidang, ou chien roux de Sumatra.
Présence du muriate de soude dans le cresson.
Sirop de goudron sulfuré.
Sirop fait avec les plantes vireuses.

1857.

Observation à l'appui de l'action antilaiteuse des eaux minérales ferrugineuses.
Observation pratique sur la confection des bols et des pilules.

1858.

Falsification des cantharides.
Cantharides comme moyen de détruire les rats.
Propriétés médicales de l'eau phosphorée, son action.
Observation pratique sur la conservation et la distillation des fleurs d'oranger et de roses.
Question légale sur le lait.
Sirop au bicarbonate de soude.
Moyens de détruire les mouches dans l'appartement d'un malade.
Sirop avec les plantes vireuses.
Pepsine, moyen de l'administrer.
La merise, pour colorer les vins.
Fromage devenu toxique, sa falsification.
Falsification du safran, son altération.
Un saladier empoisonné.

1859.

Du muriate de soude dans les extraits médicamenteux.

Examen chimique de la ficaire. Préparation contre les hémorrhoïdes.

Cérat officinal, observation pratique.

1860.

Piqûres de sangsue, observation pratique.

Pommade à l'iodure de potassium parfumée à l'essence de citron.

Sirop antiscorbutique vendu par le commerce.

Glycyrrhizine (Recherches sur la).

1861.

Semences de citrouille, leur composition, leur action tænifuge.

Emploi topique de la valériane comme antipériodique.

Un mot sur les granules et les dragées employés dans la thérapeutique.

Granules de digitaline, rectification.

Observation pratique sur les teintures.

Des coques et des germes de cacao comme aliment.

Un mot sur le lactate de fer, observation chimique.

Créosote solidifiée, formule.

1862.

Un mot sur les effets délétères des inhalaisons iodées sur les dents.

Falsification de l'amidon.

Huile d'arachide dans le cérat officinal.

Ecorce de caséa, son analyse ; agent émétique.

Huile de ricin, mode d'administrer.

Un mot sur la conservation des graines de citrouille.

Amandes douces et amères, leur blanchiment, question d'hygiène.

Nouvel emploi de l'huile volatile du baume de copahu.

Nids d'hirondelles agent thérapeutique en Chine.

Conserve tænifuge aux semences de citrouille.

Un mot sur l'écorce de Lebbeck.

Falsification du citrate de magnésie.

Un mot sur la transpiration des pieds.

Un mot sur le vin de quinquina des familles.

1864.

Un mot sur les bouteilles maculées de corps gras.
Pilules purgatives à l'huile de ricin.
La voleuse de chloroforme.
Observation pratique sur la préparation des pilules et d'une gelée au baume de copahu.
Encore un mot sur les semences de citrouille.
Question d'hygiène à propos des bouchons de liège fabriqués à Paris.
Résidu de l'opium épuisé par l'eau.
Observation sur le tannin officinal.
Teinture d'ambre, moyen de développer l'arome.
Un mot sur le cubèbe.

1865.

Sarracénine, alcaloïde retiré du *sarracena purpurea*.
Salsifis, examen chimique.
Pâte pectorale sans gomme arabique.
Aspérule odorante, son examen chimique.
Du sulfure de potasse des pharmacies.

1866.

Cubèbe, sa falsification.
Suruheha, son historique.
Mixture cantharidée pour vésicatoires.
Falsification de l'essence de badiane.
Nouvelle gomme kino.
Conservation des sangsues.
Baume Fioraventi, observation pratique.
Zygophyllum arboreum, son historique.
Moyen d'obtenir l'arome des fleurs.
Falsification de l'essence de romarin.
Une cause de l'altération de l'huile de faîne.
Phosphorescence du sulfate de quinine, de l'atropine.
Moyen d'utiliser les liquides des fosses d'aisances, question d'hygiène.
Observation pour servir à l'histoire médicale du noyer.
Sirops diacode et d'opium, observation médicale.
Conservation de la vanille.

1867.

Pâte avec le *fucus cripsus.*
Adansonine et baobab, analyse chimique.
Farine de moutarde, nouvelle préparation.
Menthe poivrée, falsification de son essence.
Falsification du safran.

1868.

La chimie à l'Exposition de l'industrie.
Digitale, conseil médical.
Glycérine, incompatibilité avec le beurre de cacao.
Quinquinas, encore un mot.
Cadavres humains, un mode de conservation.
Cinnamomine, principe sucré de la cannelle.
Moutarde Rigollot (Note sur la).
Musc, un succédané.
Pastille de gomme, une falsification.
Suc de réglisse, une falsification.
Thapsia, son analyse.
Moyen de préserver certains médicaments de l'humidité.
Podophyllum peltatum, son analyse.
Têtes de pavots, leur emploi en médecine.
Sulfate de fer, infusions végétales, incompatibilité.

1869.

Eucalyptus globulus, ses propriétés.
Baume Gurgun, examen chimique.
Combustion des végétaux, leur arome.
Orangettes, observation sur leur culture.
Observation sur le paullinia, teinture.
Sulfate de quinine et digitale, incompatibilité.
Bois de cacaoyer, examen chimique.
Ecorce de badianier, examen chimique.
Sulfure de carbone, moyen de reconnaître sa pureté.
Acide phosphorique, son emploi dans l'agriculture.

1870.

Huiles végétales et minérales, falsification.
Résinoïde d'iris, son alcool.
OEufs, moyen de les conserver.

Teinture d'opium, observation pratique.
Sel bromuré, sirop, solution, dragées.
Bougies toxiques.
Cacao au café et au thé.
Riz et beurre de cacao, leur rôle dans l'alimentation.
Ecorce de *duthea chinensis*, son analyse.
Rhubarbes, leur historique et les falsifications.

1871.

Nouveau moyen de conserver les blancs d'œufs.
Acide cytisique retiré du faux ébénier.
Feuilles de pervenche, examen chimique.
Poêlon en fonte émaillée, effet toxique.
Eau de fleurs d'oranger, un mot.
Eucalyptus globulus, écorce (Etude sur l').

1873.

Chloroforme et essence d'amandes amères, recherches.
Poivre de la Guyane, caractères physiques.
Citrate de magnésie (Observation sur le).
Menthe cultivée à Gennevilliers.

1874.

Limonade martiale, formule.
Caoutchouc, son caractère.
Essence de girofle, essais chimiques.
Sylphium et thapsia, historique.
Sirop d'iodure de calcium.
Tayuya, historique et analyse.
Sirop de chloral.

1876.

Quinquina jaune, falsification.
Sylphium.
Sylphium, lettre à M. Dujardin-Beaumetz.

1877.

Le timho, analyse chimique.
Bois de réglisse, son innocuité dans le diabète.
Pao-pereira, un mot.

1878.

Conservation des plantes dans les herbiers.
Quinquina jaune, une falsification.
Gargarisme astringent.
Palo-mabi, son historique.
Sirop de quinquina par fermentation.
Essence de mialouli, analyse.

1880.

Curare, un mot encore.
Eau, moyen de la rendre potable.
Blatte, son emploi en médecine, son analyse.
Falsification du houblon.

Mes *autres publications* sont : physiologie des substances alimentaires, ou histoire physique, chimique, hygiénique et poétique des aliments.

Les médecins en France et en Chine. Etudes de mœurs.

Note de la chimie et de la physique chez les nations civilisées.

Lettres scientifiques dans le *Journal de Bordeaux.*

Comptes rendus scientifiques dans le *Moniteur de l'Indre.*

Economie domestique dans les comptes rendus de la Société du Berry.

Les marchands de cheveux en Auvergne. Roman feuilleton.

Un membre de l'Académie de médecine. Roman feuilleton.

Le cordonnier devenu médecin. Roman feuilleton, etc.

Ce qu'on boit, ce qu'on mange, dédié aux familles ; qui paraît chaque jour en feuilleton.

Pharmacie du père de famille et conseils de médecine pratique.

PARIS. — TYPOGRAPHIE A. HENNUYER, RUE D'ARCET, 7.

www.ingramcontent.com/pod-product-compliance
Ingram Content Group UK Ltd.
Pitfield, Milton Keynes, MK11 3LW, UK
UKHW022152260726
13993UKWH00005B/2329

9 782019 929145